L140 En rumbo TB 3

TheOpen University

Education and Language Studies:
level 1

ITLEDGE

En rumbo 3

Cuadernillo de transcripciones

Índice

Transcripciones de vídeo   **5**

Los tiempos cambian   5
Ribeira: de ayer a hoy   5
Perú, riqueza marina   5

El arte al alcance de todos   8
Cumpleaños en el bosque   8
Teatro en la calle   8
Escoja película...   9
¿Quién fue el que...?   9
La vida en barro   9
Artesanía de cristal   10

Cinta de actividades 3 – Cara A   **11**

Cinta de actividades 3 – Cara B   **19**

Guión del radiodrama   **29**

Quinto episodio: La gran noticia   29
Sexto episodio: El día de los enamorados   32

Acknowledgements

Grateful acknowledgement is made to the following sources for permission to reproduce material in this unit:

Page 21: Veneno, K., *Reír y llorar*, 1992 Animal Tour Productions for BMG-Ariola.

Published in 1999 by Routledge; written and produced by The Open University.
Reprinted 2001. Reprinted 2004.

ISBN 0 415 203309

Edited, designed and typeset by The Open University.

Printed and bound in the United Kingdom by the Alden Group, Oxford.

1.3

Transcripciones de vídeo

Los tiempos cambian

Ribeira: de ayer a hoy *(00:49:15)*

Ribeira es uno de los numerosos puertos pesqueros de Galicia. Durante siglos, la pesca ha sido una de las principales actividades económicas de la región.

Cada mañana llegan al puerto barcos cargados de pescado que se distribuye por toda España y también se exporta al extranjero. Junto con la agricultura, la pesca es la principal fuente de riqueza de Galicia.

Comentarista   ¿Cómo está la pesca en Galicia hoy?

Manuel García   La pesca en Galicia hoy pues se encuentra bastante floja. O sea, es un sistema económico de los pueblos que viven aquí, de la costa, que está bastante floja y con pocas perspectivas de que mejore.

La industria pesquera ha cambiado mucho a lo largo de los años.

Manuel García   La pesca, eh... en Galicia siempre fue en un principio, eh... bastante artesanal y entonces esto se complementaba con la agricultura, ¿no? Había un trabajo del hombre, por ejemplo, que trabajaba... eh, en la pesca artesanal y la mujer trabajaba las tierras.

Tradicionalmente en Galicia, los hombres se dedicaban a la pesca y las mujeres trabajaban la tierra. Hoy en día, muchas mujeres trabajan en el puerto vendiendo pescado fresco y marisco en el mercado.

Comentarista   ¿Desde cuándo ha cobrado tanta importancia el marisco?

Manuel García   En Galicia este marisco se viene arrastrando, o sea se viene pescando de tiempos ancestrales, aunque... eh, volviendo en los años era... se podía llamar la comida de los pobres.

Hoy el marisco, especialmente percebes y cangrejos, es lo más cotizado y caro del mercado.

Comentarista   ¿Qué se come en Galicia en ocasiones especiales?

Manuel García   Hoy en una comida un poco ceremonial ya predomina toda clase de mariscos, y... y en carnes se entra en lo mínimo, y en pescados. O sea que es, eh... lo principal en un banquete.

Perú, riqueza marina *(00:51:33)*

Lima es el puerto pesquero más importante de Perú. Este país cuenta con una de las más notables riquezas marinas del mundo.

Comentarista   ¿Cómo ha evolucionado la industria pesquera en Perú en el último siglo?

Carlos Bruce   La industria pesquera en el Perú empezó a desarrollarse después de la Segunda Guerra Mundial con la caza de las ballenas por parte de la flota japonesa.

Luego en la década del cincuenta se desarrolla la industria de harina y aceite de pescado en base a la captura de anchoveta y sardina. Esta industria en la década del sesenta nos convirtió en el primer país productor de harina y aceite de pescado del mundo.

Pero luego, en la década del setenta, la industria colapsó debido a una sobreexplotación de este recurso.

Como consecuencia de este colapso, hubo la necesidad de explorar nuevas alternativas para salvar la industria pesquera, y se empezaron a diversificar las especies capturadas.

Carlos Bruce   Antes la industria, como mencioné, basaba su pesquería en la anchoveta y la sardina para harina de pescado. Ahora el principal producto de exportación de consumo humano es la merluza, que se exporta a... básicamente a Europa, que es nuestro principal mercado. Entre los países europeos que más consumen merluza peruana está Alemania, le siguen Francia e Inglaterra.

Comentarista   En su opinión, ¿cuál ha sido el cambio más interesante de los últimos años?

Carlos Bruce   En mi opinión el cambio más interesante ha sido el desarrollo de la industria de pesca y consumo humano. Eh... básicamente en lo que es los congelados. Eh... esta industria se ha desarrollado recién, hace ocho años en el Perú, y tiene un potencial enorme.

Comentarista   ¿Cuál ha sido la evolución de los congelados?

Carlos Bruce   La industria de congelado ha tenido también una evolución muy interesante. Inició como una industria incipiente, con bajos y escasos estánderes de calidad, pero en los últimos años, la industria ha evolucionado enormemente, se ha tecnificado bastante y se han intensificado los sistemas de aseguramiento de calidad para poder cumplir con las exigencias mundiales.

Paralelamente a la explotación de nuevas especies para la exportación, también se están investigando nuevos usos de la anchoveta para el mercado interno. El Instituto Tecnológico de Lima desarrolla un proyecto piloto de conserva de anchoveta, que aunque en fase todavía experimental, parece que tendrá un gran futuro.

Carlos Bruce   La industria pesquera peruana tiene un gran futuro por delante. El... felizmente la biomasa de recursos disponibles todavía no ha sido sobreexplotada. Esto contrasta mucho con la situación en los demás países del mundo, donde debido a una sobreexplotación, hay recursos que cuentan actualmente con vedas o que han sido declarados sobreexplotados. El Perú todavía puede crecer en este campo y puede convertirse en el futuro en la gran despensa de productos hidrobiológicos para el mundo entero.

¿Cómo ha cambiado el país en los últimos años?   (00:55:09)

Cataluña   Cataluña, estos últimos años, ha cambiado muchísimo afortunadamente. Han sido cambios positivos desde todos los puntos de vista. Desde el punto de vista político, sobre todo. Entonces con la llegada de... de la democracia... eh, se ha notado una mejora desde el, desde el urbanismo... a la cultura. En fin, para mí, ha mejorado en todos los sentidos.

Galicia   Eh... cambió mucho. Supongo que al mismo nivel que ha cambiado España también – socialmente, en infraestructuras, en la forma de pensar de la gente, mm... en mucho: la incorporación de la mujer al trabajo, otros tipos de trabajo que han aparecido, otros sectores. Pero, fundamentalmente sigue siendo Galicia, mm... diferente y muy, muy especial, distinta al resto de España.

Perú   Bueno, eh... la situación en el Perú ha cambiado radicalmente porque hemos vivido tiempos muy difíciles de terrorismo y actual..., y en este momento el terrorismo ya acabó. Entonces, estamos enfrentando el futuro de una manera diferente.

¿Cómo ha cambiado el papel de la mujer en los últimos años?   (00:56:26)

Respuesta 1   Pues mira, yo te diré que más o menos en mis tiempos, la mayoría de mujeres, te casabas y te quedabas en casa. Hacer la faena de casa. Cuando te venían los hijos, pues ya sabías, la faena de los hijos, de criarlos. Y ahora, esto no quiere decir que como siempre había personas que a lo mejor no, que iban... tenían una tienda, o tenían sus negocios, y había, pero la minoría, creo. La mayoría era que te casabas y automáticamente te quedabas en casa.

Respuesta 2   Galicia siempre ha sido una comunidad matriarcal y yo creo que lo sigue siendo, a pesar de que la mujer se ha incorporado muchísimo más al mundo del trabajo, al mundo de la universidad. Por ejemplo, ahora mismo en Santiago hay más estudiantes femeninas que masculinos. Entonces, bueno, todo esto demuestra que la mujer pues se está adelantando un poco, quizás a pasos demasiado lentos, en la sociedad gallega. Se nota un cambio pero no es quizás todo lo grande que debía de ser.

Respuesta 3 Ha sido un cambio rotundo porque antes la mujer estaba acostumbrada a estar en casa, a cuidar a los hijos, y yo creo que afortunadamente ahora la mujer ha abierto, eh, no sé, caminos impresionantes para, para poder salir adelante, para poder desarrollar una vida profesional en todos los aspectos, para poder realizar... realizarnos como mujeres, como esposas, como hijas, como madres, como profesionistas. O sea, es, es un cambio muy, muy rotundo, pero muy..., yo considero que muy bueno.

Respuesta 4 Ayer, atrás, era... la mujer solamente se dedicaba al hogar, a los niños, a lavar o a trapear, lo que se dice. Ahora la mujer ha cambiado. Es una mujer un poco más de trabajo. Es una mujer intelectual. Trata de alcanzar los campos de la gerencia, de la administración. Trata de llegar a los negocios. Es decir, que ya no está esperando el príncipe azul que venga a despertarla sino que interiormente ya encontró a ese príncipe azul que es ella misma y que es capaz de desenvolverse en cualquier campo.

¿Cómo ha cambiado la situación de la lengua? (00:58:41)

El catalán Pues la lengua catalana, antes de la democracia, era... solamente servía para casa, se puede decir. Entonces era muy difícil el estudio de la lengua catalana. Tenías libros, casi, casi clandestinos. Entonces de, de estar en las catacumbas, prácticamente, pues a estar autorizada, potenciada, eh... es reconocida. Pue(s)... éste ha sido todo el cambio.

El gallego Galicia tiene una lengua históricamente reconocida, porque la tiene desde siempre, y aunque Franco intentara que no se hablara el gallego, el gallego se seguía hablando, aunque en aquella época se decía que no había que hacerlo, o sea, no dejaban a los niños hablar gallego en el colegio. Ahora, con la nueva situación, intentan meter el gallego otra vez. El gallego siempre ha estado aquí, pero hay que escribir libros, y entonces no se ponen de acuerdo con qué normativa usar. Hay, eh... distintos gallegos: el gallego del paisano que trabaja la tierra, de la aldea, del pueblo, y el gallego de libro, de... normativo, que le llaman.

El quechua 1 Bueno, ha habido una decadencia tremenda. Pero esperamos que ha de resurgir esto y ha de pasar. Es un *corsi ricorsi*, pues, de la historia[1].

El quechua 2 Ha cambiado por el... por el poblador mismo, ¿no? Otros desean hablarlo, otros tienen vergüenza de hablarlo... el quechua, o otros no tienen oportunidad de repente de aprenderlo, ¿no?, porque a veces en la casa, mayormente hablan en español.

(01:00:38)

---

[1] 'It's part of the ebb and flow of history.'

El arte al alcance de todos

Cumpleaños en el bosque *(01:00:42)*

En el Parque de Coyoacán hay función de teatro infantil los días de fiesta. Los niños mexicanos vienen a disfrutar del espectáculo al aire libre.

La obra cuenta la historia del cumpleaños de una niña en el bosque. En ella aparecen animales que hablan, cantan y bailan.

Comentarista   ¿Qué acaban de hacer?

Niña   Acabamos de presentar una obra infantil que está hecha especialmente para fiestas.

Comentarista   ¿Qué es lo que más te gusta de esta actividad?

Niña   Bueno, a mí lo que me encanta es el contacto con la gente, la forma en que te puedes transformar tú. Eh... es un... es disfrutarlo, cambiar de un personaje a otros, de ser niña, a ahorita un papel de niña, al rato ser una mamá, ser una bruja. O sea, lo disfrutas padrísimo.

Uno de los personajes de esta historia es la bruja mala, que no quiere que la niña y los animales se diviertan.

Comentarista   ¿Cuánto tiempo hace que se dedica a esta actividad?

Bruja   Ya, este año cumplo seis años dedicándome a ello.

Comentarista   ¿Qué cree usted que es lo que más le gusta al público?

Bruja   Yo creo que lo que más le gusta al público es la relación que existe entre el actor y el espectador. Es una relación constante y es un intercambio constante. Creo que es lo que más les puede gustar.

Comentarista   ¿Quién se encarga del vestuario de la compañía?

Bruja   El vestuario – todos los actores nos dedicamos al vestuario. Yo me dedico a lo que es el maquillaje. Todo lo que es, eh... utilería, pues, todos los adornos y todo eso. Entre toda la compañía lo hacemos, toda la compañía.

Comentarista   ¿Cuál es su personaje?

Bruja   Mi personaje es la bruja nocturna. Es muy importante, porque siendo un cuento infantil siempre tiene que existir el bien y el mal. Siempre existe la misma dualidad. Es una bruja como la típica del cuento con una característica que no es tan, tan mala. Es una bruja un poco resentida, por llamarla de alguna manera, y es la que juega con, con ese... con esa información para el niño, entre el bien y el mal.

Comentarista   ¿Qué es lo que más les gusta a los niños?

Espectadora   Yo creo que lo que más les gustó fue la actuación de los animales, y de la niña.

Espectador   Lo que más les gusta a los niños es la música, los animales. Eh... las canciones son muy bonitas.

Teatro en la calle *(01:03:28)*

Por las Ramblas de Barcelona, la calle más emblemática de la ciudad, pasan cada día miles de personas, y artistas de todo el mundo se dan cita aquí: músicos que animan el ambiente, arlequines que se dan los últimos toques antes de la función y esculturas humanas o autómatas que se mueven al son de la peseta.

Las Ramblas se han convertido en el mayor escenario de la ciudad.

Manuel y Lucía hacen mimo. Llevan seis meses trabajando en las Ramblas y representan una historia tradicional de una manera diferente.

Lucía   Pues acabábamos de representar, mm... el poema de *La rosa, el Pierrot y la luna*.

Manuel   Nosotros estamos representando lo que es el poema de... de *Pierrot y... y la luna*. Realmente lo hemos cambiado un poquito. Realmente Pierrot lo que intenta en su locura es besar a la luna. Claro, la luna es imposible besarla, eso es un rechazo, y Pierrot se siente triste. Pero bueno, nosotros hemos cambiado el beso por una flor.

Comentarista   ¿Qué es lo que más le gusta al público?

Manuel   Bueno, lo que más le gusta soy yo.

Comentarista   ¿Qué es lo que más les gusta a los niños?

Lucía   Lo que le(s) gusta más a los niños es un chiste.

Comentarista   ¿Qué acabas de ver?

Del público   Acabo de ver un espectáculo callejero de mimo.

Las Ramblas no serían lo mismo sin estos artistas espontáneos que llenan el centro de Barcelona de música y de color.

Del público   Lo que más me gusta del arte en la calle es la vida que da a la ciudad.

Del público   Lo que más me gusta del arte en la calle es que me alegra el día.

Escoja película... *(01:05:42)*

Comentarista   ¿Qué tipo de películas te gustan?

Respuesta   Las que más me gustan son las de acción, las de aventura, las de comedia.

Comentarista   ¿Cuál es la película que más te gusta?

Respuesta   La que más me gusta es una película de Alfred Hitchcock que se llama *Notorious*. Es una película de melodrama y suspenso.

¿Quién fue el que...? *(01:06:04)*

Comentarista   ¿Quién fue el que construyó la Sagrada Familia?

Respuesta   El que construyó la Sagrada Familia fue Antonio Gaudí.

Comentarista   El que pintó el *Guernica* fue Dalí, ¿no?

Respuesta   No, el que pintó *Guernica* fue Picasso.

Comentarista   El que proclamó la independencia de Perú fue Bolívar, ¿verdad?

Respuesta   No, el que la proclama es el general San Martín.

Comentarista   Los que construyeron Machu Picchu fueron los aztecas, ¿no?

Respuesta   No, los que construyeron Machu Picchu fueron los incas.

Comentarista   La que se casó con Fernando el Católico fue Juana la Loca, ¿verdad?

Respuesta   ¡Qué va! La que se casó con Fernando de Aragón fue Isabel de Castilla.

La vida en barro *(01:06:47)*

Metepec es un pequeño pueblo en las afueras de la ciudad de México. La creatividad artesanal de sus habitantes ilumina las fachadas multicolores de las casas.

Metepec es mundialmente famoso por su artesanía del barro.

Jorge Torres se especializa en hacer cazuelas de barro, utensilios esenciales en la cocina mexicana.

Estas figuras conmemoran el Día de los Muertos, una festividad muy celebrada en todo México.

Alberto de León Casillo explica su elaborada creación, el árbol de la vida, que mezcla creencias cristianas y aztecas.

Alberto de León Casillo   Pues en sí, lo que representan los árboles de la vida aquí es una gran variedad de... de temas, ¿no? En esta obra que tenemos aquí, vamos, lo que podemos explicar es que tenemos al Dios Padre. Estamos representando la creación del Paraíso.

Lo que vemos es a Dios Padre, eh... dándole en este caso pues indicaciones a San Miguel Arcángel, ¿verdad?, que... que expulsara de... del Paraíso al... al Demonio, que en este caso está representado por la serpiente.

Después de ahí, bueno, pues tenemos, eh... a Adán y Eva que son los pecadores. Las, las bolas éstas que están aquí representan las manzanas y... y los animales que es parte de la creación, ¿no?

Artesanía de cristal *(01:08:49)*

Éste es un taller de vidrio en el recinto del Pueblo Español de Barcelona, donde trabajan todo tipo de artesanos. Emilio Capdevila es artesano del vidrio soplado.

Comentarista   ¿Por qué te dedicas a la artesanía del vidrio?

Emilio Capdevila   Mi padre ya, ya lo hacía, y entonces yo seguí desde pequeño, continué con él. Y es un oficio que me encanta.

Comentarista   Hoy está haciendo una alcuza, un tipo de vinagrera. ¿Cómo se hace?

Emilio Capdevila   Se saca el vidrio con la caña... se magrea[2]... se sopla dentro del molde... se le abre la boca... se le pone el asa... y luego el chorro.

Comentarista   ¿A la gente le gusta la artesanía?

Emilio Capdevila   A la gente le encanta ver trabajar el vidrio. Y lo compra.

Comentarista   ¿Por cuánto se venden estas piezas? ¿Por ejemplo, la alcuza?

Emilio Capdevila   Lo vendemos por 1.100 pesetas.

Comentarista   El vidrio, ¿es una industria limpia?

Emilio Capdevila   El vidrio, yo pienso que es la industria más limpia, porque a más a más[3], todo es reciclable y no hace humo. Es completamente puro.

Comentarista   ¿Y tiene futuro?

Emilio Capdevila   Yo pienso que es una, una profesión con mucho futuro, ¡y mucho por descubrir!

(01:10:50)

---

[2]'... it's shaped...'

[3] A literal translation of the Catalan *a més a més*, meaning 'besides'. The usual Castilian expression is *además*.

Cinta de actividades 3 — Cara A

This is the third Activities Cassette for the Open University Level 1 Spanish course, *En rumbo*. Side 1: *Los tiempos cambian*.

Curso de español de la Open University, *En rumbo*. Cinta de actividades, número 3. Cara A: *Los tiempos cambian*.

Extracto 1

Escuche la siguiente descripción de cómo ha cambiado Galicia:

> Galicia tiene una situación privilegiada y todavía queda, pues, una arqueología viva, ¿eh? Las tradiciones están ahí pero están en un momento en que está cambiando todo tan fuertemente que somos la última generación que ve por ejemplo un carro de vacas, ¿eh?, aquellos carros antiguos de madera, ¡célticos! O sea, que pasamos de la prehistoria a la posmodernidad, a la era de la informática, sin darnos cuenta. Yo por ejemplo, que tengo 40 y pocos años, pues recuerdo los arrieros. Los arrieros eran la gente de camino, que hacían camino, que llevaban, que traían cosas, que contaban cuentos de lo que veían. Con todo eso acabaron los medios de comunicación, la televisión, la informática, etc.

Extracto 2

Escuche las siguientes oraciones y termínelas. A continuación tiene el modelo.

Ahora los albañiles tienen que usar casco obligatoriamente. Antes...

(casi nunca)

Antes no lo usaban casi nunca.

(a) Ahora los escritores escriben en ordenador. Antes...

(a mano)

Antes escribían a mano.

(b) Hoy en día las enfermeras trabajan más de 60 horas a la semana. Antes...

(sólo 38 horas)

Antes sólo trabajaban 38 horas.

(c) Actualmente los agricultores venden sus productos en la Unión Europea. Antes...

(en España)

Antes sólo los vendían en España.

(d) Hoy los médicos recetan pocos antibióticos. Antes...

(muchos antibióticos)

Antes recetaban muchos antibióticos.

(e) En nuestros días los taxistas son poco amables. Antes...

(muy amables)

Antes eran muy amables.

(f) En la actualidad los abogados ganan más que los ingenieros. Antes...

(menos)

Antes ganaban menos.

Extracto 3

Escuche a continuación cómo se construían antes las casas en México y cómo se construyen ahora:

> Para que tú hagas una buena restauración de un edificio, necesitas saber en qué se va a usar ese edificio después, para que todas las necesidades modernas se puedan incorporar a ese edificio sin dañar el edificio. No sé, se me ocurre a lo mejor lo

11

que era una casa habitación colonial de una gran familia, ahora necesita ser un banco.

Tenemos graves problemas cuando se han tratado de hacer intervenciones con materiales modernos que son muy rígidos y lo vemos cuando hay un temblor: las casas antiguas se mueven con el temblor y no les pasa nada. Los edificios modernos, tan rígidos con concreto, con varillas, se caen, porque no tienen ese movimiento.

Yo como ingeniero creo que la ingeniería ha ido en reversa. Podemos ver edificios que han durado 400 años, hechos por los españoles y están perfectos, como si los hubieran hecho hace un año. Podemos ver construcciones de pirámides hechas hace 1.500 años y están perfectas, hechas por los prehispánicos. Y podemos ver casas construidas hace 30 años que ya tienen problemas, que se están cayendo. O sea, lo que la ingeniería actual ha hecho es tratar de hacer la construcción más rápido y más barata pero no mejor.

Claro que esto tiene mucho que ver con la sociedad de consumo y todo esto, ¿no? Ahorita las casas están calculadas para que duren 50 años, ya después no les interesa porque bueno ya es otra generación y ya construirán su propia casa, ¿no? Antes todos vivían en la misma casa y las casas debían durar muchos años. Entonces, bueno pues, ahí ha cambiado la situación.

Extracto 4

Escuche esta descripción de la abuela de este gallego:

¿Cómo era la vida de tu abuela? ¿Cómo era ella?

Era gente muy luchadora, ¿eh?, aquella gente de antes, de... estamos hablando de gente que falleció con 90 años, de gente que provenía del siglo pasado. Era gente muy prendida a la tierra, gente que tenía las manos... para labrar la tierra, gente incluso que nada más sabía comer los días de fiesta, gente que lo tuvo que pasar muy mal, que pensaba mucho sobre la vida y sobre la muerte, que hablaba mucho, que dialogaba más, que tenía palabras, que tenía unas normas de conducta mucho más respetuosas que las nuestras, ¿eh? Por ejemplo mi abuela, antes de acostarse, nos hacía rezar a todos Padres Nuestros por todos los difuntos habidos, que tú ya no sabías quiénes eran. Ella estaba recordando su memoria histórica, ¿no?, el respeto a la memoria del pasado.

Extracto 5

Escuche las preguntas, el estímulo, y forme una oración haciendo una descripción física, como en el ejemplo:

¿Cómo era ella?

(tall and dark)

Era alta y morena.

Ahora continúe usted:

- ¿Qué ropa llevaba?
- (blue jumper and a long skirt)
- Llevaba un saco azul y una falda larga.

- ¿De qué color tenía la piel?
- (dark)
- Tenía la piel oscura.

– ¿Cómo tenía el pelo?

– (long)

– Tenía el pelo largo.

– ¿De qué color tenía los ojos?

– (green)

– Tenía los ojos verdes.

Extracto 6

Escuche las siguientes preguntas de un agente de la policía con relación a los objetos robados y la persona que se los robó. Conteste después del estímulo como en el ejemplo:

¿Cuánto dinero en efectivo le robaron?

(10,000 pesetas.)

Diez mil pesetas.

Ahora continúe usted:

(a) ¿Puede decirme qué llevaba en su maleta?

(A few papers, an electronic diary, and passport.)

Unos papeles, una agenda electrónica y el pasaporte.

(b) ¿Cuál es el valor total de los objetos robados?

(50,000 pesetas.)

Cincuenta mil pesetas.

(c) ¿Dónde y cuándo ocurrió el robo?

(In Paseo de Gracia with Diagonal, last night.)

En el Paseo de Gracia con Diagonal, ayer por la noche.

(d) ¿Cómo era el ladrón?

(A tall, middle-aged woman with a brown suit.)

Una mujer alta, de mediana edad y con traje de color café.

Extracto 7

Escuche el cuento infantil *La caperucita roja* e intente seguir la historia:

Érase una vez una hermosa niña que se llamaba Caperucita Roja. Todos los animales del bosque eran sus amigos y Caperucita los quería mucho. Un día su mamá le dijo: 'Caperucita, lleva esta jarrita de miel a casa de la abuelita. Ten cuidado con el lobo feroz.' Cuando Caperucita salió de casa era ya bastante tarde, aunque hacía todavía mucho calor. En el bosque, el lobo salió a hablar con la niña y le preguntó:

Lobo ¿Adónde vas, Caperucita?

Caperucita Roja Voy a casa de mi abuelita a llevarle esta jarra de miel.

Lobo Pues si vas por este sendero, vas a llegar antes.

... dijo el malvado lobo, que se fue por otro camino más corto. El lobo llegó primero a la casa de la abuelita. Cuando entró, la abuelita estaba descansando en la cama. Cuando vio al lobo, se asustó mucho y trató de huir, pero el lobo se lanzó sobre ella y se la comió. Luego se vistió con la ropa de la abuelita y se metió en la cama a esperar a Caperucita.

Caperucita llegó por fin a la casa de la abuelita. La encontró en la cama y le dijo:

Caperucita Roja Abuelita, ¡qué orejas tan grandes tienes!

Lobo Son para oírte mejor.

Caperucita Roja Abuelita, ¡qué ojos tan grandes tienes!

Lobo Son para verte mejor.

Caperucita Roja Abuelita, ¡qué dientes tan largos tienes!

Lobo Son para comerte mejor.

En ese momento, el lobo saltó de la cama y se abalanzó sobre Caperucita. La niña salió corriendo y pidiendo socorro desesperadamente. Un leñador, que pasaba por allí, vio lo que ocurría y mató al lobo con su hacha. Luego el leñador sacó a la abuelita de la barriga del lobo. Caperucita abrazó a su abuelita y le prometió escuchar siempre los consejos de su mamá.

Y colorín colorado, este cuento se ha acabado.

Extracto 8

Escuche otra vez un extracto del cuento y participe en la historia haciendo el papel de Caperucita. Hable después del estímulo como en el ejemplo:

(orejas)

Abuelita, ¡qué orejas tan grandes tienes!

Son para oírte mejor.

Ahora continúe usted:

– (orejas)
– Abuelita, ¡qué orejas tan grandes tienes!
– Son para oírte mejor.

– (ojos)
– Abuelita, ¡qué ojos tan grandes tienes!
– Son para verte mejor.

– (dientes)
– Abuelita, ¡qué dientes tan largos tienes!
– Son para comerte mejor.

Extracto 9

Escuche qué nos cuenta Quico sobre su tía Manuela:

La primera historia que recuerdo es que mi abuela me contó que ella de joven rezaba el rosario todas las noches. Y una noche estaba toda concentrada pasando las cuentas del rosario y un momento levantó la vista y sentada a los pies de la cama estaba su tía Manuela. Esto no tendría nada de particular si no fuese porque su tía Manuela se había muerto el invierno anterior. Y entonces le hizo la pregunta mágica, que es: '¿qué requieres?' Entonces la tía Manuela dijo lo que había venido a pedirle. Resulta que el verano pasado, cuando llegó la siega del maíz, ella tuvo una gripe de éstas de verano que le impedía trabajar, y se ofreció a la Virgen de la Guía diciendo que si le curaba la gripe y ella podía trabajar con todas sus fuerzas, al año siguiente iría a la romería de la Virgen de la Guía para agradecérselo y cumpliría, pues, una serie de preceptos. Pero infelizmente, en invierno tuvo otra gripe que la mató. Entonces ahora ella como descarnada, como mujer sin cuerpo ya, no podía acudir y necesitaba un cuerpo de alguien vivo. Dijo la tía Manuela: 'Venía, Ramonilla, a pedirte el tuyo.' Y ella, mi abuela, le dijo: '¡Yo, por mi familia, lo que haga falta!' Entonces le advirtió: 'Cuando llegue el día de la Guía yo voy a entrar en tu cuerpo. Tú vas a sentirte muy rara por dentro pero no te preocupes porque seré yo, tu tía Manuela, quien está contigo.' Y mi abuela lo contaba muy bonito, decía: 'Llegó el día de la Guía, el sol se desparramaba por el cielo, no había ni una sola nube y toda la aldea de Carreira pudo ver cómo yo iba hacia la Iglesia de la Guía y a mis pies dos sombras: mi sombra y la que todas las mujeres viejas reconocieron, la sombra de mi tía Manuela.'

Extracto 10

A continuación escuche una breve descripción de la Galicia de antes:

¿Ha cambiado mucho Galicia desde cuando usted era niño a ahora?

¡Muchísimo! Yo represento para el caso ya el final, la cuarta edad y desde que tengo sentido de la vida ha cambiado todo. Lo que más me llama la atención es la moral porque del nada se ha pasado al todo. O sea, no podías darle un beso a la novia y la novia al novio, ¿eh? ¡Ahora eso ya no es nada!

Extracto 11

Y ahora, escuche cómo era la vida en Veracruz, México:

El Veracruz de mi época de joven era una cosa extraordinaria de limpio, de seguridad y de cultura, de cultura. Usted podía hablar con un albañil y el mono ése sabía de literatura. Las fábricas de puros eran grandes galeras y había una silla alta donde, para que no se aburrieran, porque no había radio de transistores y esas cosas que se ponen en las orejas para quedarse sordos, entonces había un hombre que se subía y todos los días, desde que entraba el trabajador hasta que salía, estaba leyendo. Y le leía a usted *El Quijote*, *La Iliada*... de todo. Entonces, el trabajador, el obrero, estaba culturizado. ¡Fíjese usted qué maravilla! ¡Eso era el pueblo éste! ¡Ahora hable usted con un médico y no rebuzna porque le falta la cola!

Extracto 12

Escuche las siguientes afirmaciones y transfórmelas en una opinión. Siga el ejemplo:

Las mujeres siguen sufriendo discriminación en muchos campos.

Creo que...

Creo que las mujeres siguen sufriendo discriminación en muchos campos.

(a) Las mujeres pueden realizar cualquier trabajo.

En mi opinión...

En mi opinión las mujeres pueden realizar cualquier trabajo.

(b) La vida de nuestras abuelas era muy difícil.

Yo creo que...

Yo creo que la vida de nuestras abuelas era muy difícil.

(c) Aprender lenguas extranjeras es algo bueno hoy en día.

Me parece que...

Me parece que aprender lenguas extranjeras es algo bueno hoy en día.

(d) Los nuevos medios audiovisuales van a desplazar a los más tradicionales como la radio.

Yo pienso que...

Yo pienso que los nuevos medios audiovisuales van a desplazar a los más tradicionales como la radio.

(e) Usar Internet es algo necesario hoy en día.

Para mí...

Para mí usar Internet es algo necesario hoy en día.

(f) Es interesante aprender español porque es una lengua que hablan más de 300 millones de personas.

Yo considero que...

Yo considero que es interesante aprender español porque es una lengua que hablan más de 300 millones de personas.

Extracto 13

Escuche las siguientes preguntas sobre México y conteste dando los datos necesarios, como en el ejemplo:

Ahora México tiene una red metropolitana de 178 kilómetros.

(antes / 39 kilómetros)

Antes tenía una red metropolitana de 39 kilómetros.

(a) Ahora el alumbrado público es de 350.000 faroles.

(antes / 159 faroles)

Antes el alumbrado público era de 159 faroles.

(b) Ahora hay 73.000 policías.

(antes / 10.000)

Antes había 10.000 policías.

(c) Ahora el 14,1% de la población está escolarizada.

(antes / 4,1%)

Antes el 4,1% de la población estaba escolarizada.

(d) Ahora se cometen 218.000 delitos.

(antes / 140.522)

Antes se cometían 140.522 delitos.

(e) Ahora se producen 12.000 toneladas diarias de basura.

(antes / 7.000)

Antes se producían 7.000 toneladas diarias de basura.

Extracto 14

A continuación usted tiene algunas oraciones con más cifras sobre la ciudad de México. Escuche la respuesta, el estímulo, y formule la pregunta como en el modelo:

En 1975 la ciudad de México tenía 12 millones de habitantes.

(habitantes)

¿Cuántos habitantes tenía México en 1975?

(a) Hace 20 años la policía de la ciudad de México tenía 302 vehículos.

(vehículos)

¿Cuántos vehículos tenía la policía de la ciudad de México hace 20 años?

(b) Actualmente hay casi dos millones y medio de vehículos privados en México.

(vehículos privados)

¿Cuántos vehículos privados hay en la ciudad de México actualmente?

(c) En 1981 había unos 1.500 autobuses convencionales en la ciudad.

(autobuses convencionales)

¿Cuántos autobuses convencionales había en la ciudad en 1981?

(d) A mediados de los años 70 la ciudad de México tenía 150.000 faroles.

(faroles)

¿Cuántos faroles tenía la ciudad de México a mediados de los años 70?

(e) La red de alcantarillado tenía unos 50 kilómetros en 1976.

(kilómetros)

¿Cuántos kilómetros tenía la red de alcantarillado en 1976?

Extracto 15

Escuche lo que ha hecho hoy Isabel Domingo:

Un día en la vida de Isabel Domingo

Isabel es una persona muy organizada. Esta mañana ha ido a la universidad, ha asistido a todas sus clases y después en la biblioteca ha preparado los ejercicios para el día siguiente. A las cinco de la tarde ha regresado a casa, ha comido un poco, una cena ligera, y ha salido para el centro. A las siete ha ido al cine con su amiga Nuria. Han visto una película francesa. Después del cine han tomado un café en un bar. A las diez Isabel y Nuria se han despedido y cada una ha ido para su casa.

Extracto 16

Escuche los estímulos y forme oraciones en el pretérito perfecto diciendo lo que ha hecho Isabel hoy. Siga el modelo:

(Isabel / hacer unas llamadas)

Isabel ha hecho unas llamadas.

– (Isabel / ir a la universidad)
– Isabel ha ido a la universidad.

– (Isabel / asistir a todas sus clases)
– Isabel ha asistido a todas sus clases.

– (Isabel / preparar ejercicios para el día siguiente)
– Isabel ha preparado los ejercicios para el día siguiente.

– (Isabel / regresar a casa)
– Isabel ha regresado a casa.

– (Isabel / comer un poco)
– Isabel ha comido un poco.

– (Isabel / salir para el centro)
– Isabel ha salido para el centro.

– (Isabel / ir al cine)
– Isabel ha ido al cine.

– (Isabel y Nuria / ver una película francesa)
– Isabel y Nuria han visto una película francesa.

Extracto 17

Escuche las diferentes tareas y diga si ya las ha hecho o si todavía no las ha hecho. Siga el modelo:

(escribir una carta al banco / sí)

Ya he escrito la carta al banco.

– (hacer las compras / no)
– Todavía no he hecho las compras.

– (llamar a Juan / sí)
– Ya he llamado a Juan.

– (poner la lavadora / no)
– Todavía no he puesto la lavadora.

– (recoger a las niñas del colegio / no)
– Todavía no he recogido a las niñas del colegio.

Extracto 18

Escuche cómo reaccionan estas personas. ¿Qué expresan, satisfacción o disgusto?

(a) ¡Es un escándalo! Los precios están por las nubes. Vamos a tener que comer sólo patatas.
(Disgusto.)

(b) ¡Qué fastidio! Ayer salí de paseo y media hora más tarde empezó a llover. Llegué completamente mojada a casa.
(Disgusto.)

(c) Estoy muy contento. ¡Qué alegría! He aprobado todas las asignaturas del curso.
(Satisfacción.)

(d) ¡Qué barbaridad! Te has comido casi todos los pasteles y ahora no tenemos para los invitados.
(Disgusto.)

(e) Me parece estupendo que hagas una fiesta la semana próxima.
(Satisfacción.)

(f) ¡Qué disgusto! No encuentro el dinero que me dieron mis padres.
(Disgusto.)

Extracto 19

Reaccione en las siguientes situaciones con una expresión de sorpresa como en el modelo:

¡Es un escándalo! Los precios están por las nubes. Vamos a tener que comer sólo patatas.

(How awful!)

¡Qué horror!

(a) Estoy muy contento. ¡Qué alegría! He aprobado todas las asignaturas del curso.
(How wonderful!)
¡Qué maravilla!

(b) Hace rato que espero a Juan y todavía no ha llegado.
(How strange!)
¡Qué extraño!

(c) ¡Qué disgusto! No encuentro el dinero que me dieron mis padres.

(How odd!)

¡Qué raro!

(d) Hola Maribel, soy yo, tu amigo del instituto. ¿Te acuerdas?

(What a surprise!)

¡Qué sorpresa!

(e) ¿Sabes que Juan se va a casar?

(I can't believe it.)

¡No puede ser!

(f) Han dado el Premio Planeta de literatura a un chico de 25 años.

(Are you serious?)

¿En serio?

Éste es el final de la Cara A.

This is the end of Side 1.

Cinta de actividades 3 — Cara B

This is the third Activities Cassette for the Open University Level 1 Spanish course, *En rumbo*. Side 2: *El arte al alcance de todos*.

Curso de español de la Open University, *En rumbo*. Cinta de actividades, número 3. Cara B: *El arte al alcance de todos*.

Extracto 1

Escuche las siguientes preguntas sobre qué tipo de espectáculos le gustan y conteste en español. Escuche los estímulos y construya una frase como en el ejemplo. Acuérdese de utilizar las construcciones *el que, la que, lo que, las que* y *los que*. Siga el ejemplo:

Me gustan todos los vídeos que acabo de ver, pero...

(el colorido y la música)

Lo que más me ha gustado es el colorido y la música.

(a) Me gustan todas las actuaciones que acabo de ver, pero...

(la actuación de los músicos)

Lo que más me ha gustado ha sido la actuación de los músicos.

(b) En general me gustan las actuaciones en la calle, pero...

(las actuaciones de mimos)

Las que más me gustan son las actuaciones de mimos.

(c) Me divierten todos los artistas, pero...

(los que no se mueven en absoluto)

Los que más me divierten son los que no se mueven en absoluto.

(d) En los últimos años me han gustado muchas películas, pero...

(*Tesis* y *Un lugar en el mundo*)

Las que más me han gustado son *Tesis* y *Un lugar en el mundo*.

(e) Hay muchos actores españoles que me parecen buenos, pero...

(Penélope Cruz y Antonio Resines)

Los que me parecen mejores son Penélope Cruz y Antonio Resines.

(f) Cuando voy a un espectáculo realmente me gusta todo, pero...

(experimentar emociones)

Lo que realmente me gusta es experimentar emociones.

Extracto 2

Escuche la siguiente entrevista en la que algunas personas nos cuentan qué les pareció el espectáculo en la catedral de Santiago de Compostela:

— ¿Qué les pareció el concierto?

— Pues a mí me ha gustado.

— ¿Sí? ¿Y habías visto antes este espectáculo...?

— ¿... del botafumeiro? Sí, lo que pasa es que... bueno es que soy de aquí, entonces sí lo había visto muchas veces. Pero es, siempre que lo veo, es como si fuese la primera vez. ¡Me gusta mucho!

— ¿Y tú?

— Sí, yo soy compostelana. Estoy acostumbrada a este tipo de acontecimientos, pero siempre es una novedad, ¿no? Siempre lo observas con frescura y, bueno, el concierto me ha parecido supremo. Es espiritualmente curativo, y yo creo que a todos los niveles ha sido fantástico. Me ha gustado mucho.

Extracto 3

Escuche unos extractos de música e identifíquelos diciendo qué es lo que acaba de escuchar. Primero, escuche el ejemplo:

(Listen.)

Acabo de escuchar música pop.

- (Listen.)
- Acabo de escuchar ópera.

- (Listen.)
- Acabo de escuchar rock.

- (Listen.)
- Acabo de escuchar flamenco.

- (Listen.)
- Acabo de escuchar música pop.

- (Listen.)
- Acabo de escuchar jazz.

Extracto 4

Escuche el mensaje que un amigo le ha dejado en el contestador automático para salir a un concierto. Fíjese en cuáles son las sugerencias y preferencias de su amigo.

> ¡Hola, quiubo![4] Te llamo porque estoy pensando en ir a un concierto el sábado. ¿Te gustaría? La verdad es que he visto cosas muy interesantes esta semana en la cartelera. Me gusta mucho la música jazz y en el Café Popular toca un grupo buenísimo, pero bueno, no sé si a ti te gusta el jazz. También me encanta la música clásica, y he visto que

[4]*¡Quiubo!* is a familiar greeting used in many parts of Spanish America, equivalent to the peninsular Spanish *¿qué hay?* and *¿qué tal?*

presentan la ópera *Otello* con un reparto superbueno. No sé, aunque tal vez quieras ir a escuchar algo diferente, como rock o algo así. Pero ya sabes que a mí me gusta todo tipo de música, así es de que llámame y me dices qué te parece, ¿bueno? Okey. ¡Hasta luego!

Extracto 5

Ahora deje un mensaje para su amigo Juan dándole su opinión de la música que él sugirió (le gusta el jazz y la ópera). Dígale qué estilo musical y qué músicos le gustan a usted y por qué. Reaccione a los estímulos como en el ejemplo:

Hola, ahora mismo no estoy, pero si quieres dejar un mensaje puedes hacerlo después de la señal y yo te llamaré en cuanto pueda.

(Say hello and who you are.)

Hola Juan, soy yo, Mari Luz.

Ahora es su turno:

- Hola, ahora mismo no estoy, pero si quieres dejar un mensaje puedes hacerlo después de la señal y yo te llamaré en cuanto pueda.
- (Say hello and who you are.)
- Hola Juan, soy yo, Mari Luz.
- (Say why you are phoning.)
- Bueno, te llamaba para lo del concierto.
- (Say you would love to go to a concert but you don't like the opera.)
- Me encantaría ir a un concierto pero no me gusta la ópera.
- (Say that you love jazz but this week you have already been to a jazz concert which was really good.)
- Me encanta el jazz, pero esta semana ya he ido a un concierto de jazz que fue realmente bueno.
- (Say that you also like flamenco and rock music.)

- También me gusta la música de flamenco y rock.
- (Suggest to go to listen to Kiko Veneno, the flamenco-rock singer.)
- ¿Por qué no vamos a escuchar a Kiko Veneno, el cantante de flamenco rock?
- (Ask whether he knows him and say how good he is.)
- ¿Lo conoces? Es superbueno.
- (Say you expect him to contact you and say good-bye.)
- Bueno, ya me llamarás. Hasta luego.

Ahora escuche otra vez el mensaje y a continuación pruebe a repetir todo el mensaje de memoria:

- Hola, ahora mismo no estoy, pero si quieres dejar un mensaje puedes hacerlo después de la señal y yo te llamaré en cuanto pueda.
- Hola Juan, soy yo, Mari Luz. Bueno, te llamaba para lo del concierto. Me encantaría ir a un concierto pero no me gusta la ópera. Me encanta el jazz, pero esta semana ya he ido a un concierto de jazz que fue realmente bueno. También me gusta la música de flamenco y rock. ¿Por qué no vamos a escuchar a Kiko Veneno, el cantante de flamenco rock? ¿Lo conoces? Es superbueno. Bueno, ya me llamarás. Hasta luego.

Extracto 6

Escuche la canción del cantante de flamenco rock Kiko Veneno y disfrútela:

Reír y llorar

Lloran las ramas
azotadas por el viento
las raíces se están riendo
en la oscuridad
sentado en la fuente
me mojo la cara
y un aire caliente... malditas
palabras

La Coca-Cola
siempre es igual

pero yo no,
yo puedo cambiar
ya no quiero más
tener buena suerte
abrázame fuerte
y hazme volar
hazme reír
hazme llorar
reír y llorar

Mirando a los cielos
con los pies en la maceta
yo también tengo
mi fórmula secreta

La Coca-Cola
siempre es igual
yo a veces tampoco
puedo cambiar
ya no quiero más
tener buena suerte
abrázame fuerte
y hazme volar
hazme reír
hazme llorar
reír y llorar...

Extracto 7

Va a escuchar a varias personas que sugieren ir a un teatro en Madrid. Escuche la sugerencia, el estímulo, y responda. Siga el ejemplo:

En el teatro Alfil echan una obra alternativa muy crítica. ¿Te apetece ir?

(No, I don't like alternative theatre.)

No, no me gusta el teatro alternativo.

(a) Mi hermana fue a ver *La venganza de don Mendo* y dice que es muy buena. ¿Vamos?

(Okay. I love classical theatre.)

Bueno. Me encanta el teatro clásico.

(b) Me gusta mucho lo que están echando en el teatro Cuarta Pared. ¿Qué te parece?

(I also like it. I wouldn't mind going.)

También me gusta. ¿Por qué no vamos?

(c) Me encanta Lorca. ¿Te gustaría ir a ver un recital de poesía suya?

(All right. I think it's a good idea.)

Está bien. Me parece una buena idea.

Extracto 8

Conteste a las siguientes preguntas para decir qué es lo que más le gusta y lo que menos le gusta del cine. Siga el ejemplo:

¿Qué es lo más interesante de ir al cine?

(la historia que se cuenta)

Lo más interesante es la historia que se cuenta.

(a) ¿Qué es lo menos agradable de ir al cine?

(estar a oscuras)

Lo menos agradable es estar a oscuras.

(b) ¿Qué tipo de películas piensa que son las mejores?

(películas con buen guión)

Las mejores son las que tienen un buen guión.

(c) ¿Qué director latinoamericano le parece más interesante?

(Adolfo Aristarain, un director argentino)

El más interesante es Adolfo Aristarain.

(d) ¿Qué actrices españolas le parecen mejores?

(Verónica Forqué y Carmen Maura)

Las mejores son Verónica Forqué y Carmen Maura.

(e) ¿Cuál es la película más buena que ha visto?

(*Tesis*)

La más buena que he visto es *Tesis*.

Extracto 9

Escuche el siguiente extracto en el que el mexicano Iván Trujillo, experto en cinematografía, nos habla de una película muy famosa: *Allá en el Rancho Grande*.

En el 36 se hace una película muy importante, que se llama *Allá en el Rancho Grande*, que marca quizás un poco el estereotipo de lo que sería el cine mexicano: una visión a veces romántica y a veces quizás muy ficticia de lo que sucedía en la provincia mexicana pero que de alguna manera impacta en gran forma al público extranjero y México empieza a ganar terreno sobre todo en los países de habla hispana.

Extracto 10

Escuche la opinión que Mari Luz dio en el programa *Buzón abierto* sobre su película favorita:

Una de mis películas favoritas es una española llamada *Martín Hache*. La banda sonora y la fotografía son fenomenales y tiene una historia muy bonita y tierna.

Es la historia de un padre (que es Federico Luppi, y actúa fenomenal) y su relación con su hijo (que es Juan Diego Botto, que también actúa genial). Padre e hijo son argentinos y se reencuentran después de varios años. La película trata de cómo los dos se van conociendo mejor, y cómo se ayudan mutuamente con sus problemas.

Los otros dos personajes importantes son la novia (la actriz Cecilia Roth) y el amigo del padre (el famoso Eusebio Poncela). Todos los personajes son gente apasionada y quieren vivir a su estilo y luchar por sus creencias.

Extracto 11

Escuche a Angélica, una artesana del Pueblo Español:

– ¡Hola, buenos días! Yo soy Angélica Polán Vásquez, Artesanía Angélica, del Pueblo Español.

– Y tú, ¿qué haces específicamente?

– Bueno, yo lo que hago, yo trabajo el barro, y luego voy moldeando, voy haciendo jarros, voy haciendo diferentes técnicas, ¿no?

– ¿Y esto es una tradición familiar o...?

– No, no. Yo empecé porque dejé de trabajar y, yo como soy una persona muy activa, entonces tuve que buscar algo y entonces me fui a varios sitios a aprender y entonces saqué los títulos así.

– ¿Qué tiene de especial tu artesanía? Cuéntanos un poco.

– Bueno, lo que es muy original es una que hago que es refractario, que es con el cristal manchado, el blanco, y luego va con óxidos y queda como si fuera un agua... es muy original.

– ¿Tú eres de Barcelona?

– No, yo soy de Extremadura, de Cáceres.

– ¿Y por qué te viniste a Barcelona?

– Bueno, yo me vine a Barcelona porque tenía un hermano que había estado estudiando para cura, entonces ahorcó los hábitos, se vino aquí a hacer la carrera y entonces yo, como era la mayor, pues me vine aquí a cuidarle a él. Y entonces, nada, me gustó esto y me quedé aquí. Llevo aquí más años que en Extremadura.

– ¿Y te viniste como artesana al Pueblo...?

– Al Pueblo Español como artesana, sí.

– ¿Qué tal resulta? ¿Es un buen sitio para un artesano para tener...?

– Bueno, yo por ejemplo no tengo espacio para poder trabajar ahora mismo aquí porque se

necesita pues poder colocar el horno. Y luego también aquí, hay una cosa que si tú estás trabajando al público entonces se te quedan mirando y no te compran nada.

Extracto 12

Escuche a la propietaria de Cerámicas Maravillas y a su aprendiz:

– ¿Por qué no has terminado de pintar las piezas?

– Es que se me acabó la pintura.

– ¿Tampoco has terminado los jarros?

– Bueno, es que me falta el barro para las asas.

– Y, ¿qué es esto? ¡Estas dos figuras están rotas! ¿Qué has hecho con ellas?

– Es que se me cayeron del estante, mientras estaba limpiándolas.

– ¿Limpiar? Pero no me digas que has estado limpiando. ¿Por qué está tan sucio el suelo?

– Pues, es que no he tenido tiempo para...

– ¿Y los moldes? ¿Dónde están?

– Olvidé prepararlos. Es que tengo tanto que hacer.

En este momento aparece una joven.

– Hola.

– ¿Y quién es usted?

– Es mi novia. Ha venido aquí para ayudarme.

Extracto 13

Ahora usted va a ser el aprendiz. Escuche las preguntas, los estímulos y conteste dando excusas. Acuérdese de usar la expresión *es que*. Escuche el ejemplo:

¿Por qué no sacaste las figuras del horno a tiempo?

(You were speaking with a customer.)

Es que estaba hablando con un cliente.

(a) ¿Por qué estás cubierto de barro?

(You had an accident with the wheel.)

Es que tuve un accidente con la rueda.

(b) ¡No me digas que se rompió ese jarro tan precioso!

(It fell from the shelf.)

Es que se cayó de la estantería.

(c) Pero, ¿quieres decir que olvidaste comprar la pintura?

(You didn't know she needed it for today.)

Es que no sabía que la necesitabas para hoy.

(d) ¿Por qué has colocado el belén en este rincón donde no lo verá nadie?

(There is no room on the main shelf.)

Es que no hay sitio en la estantería principal.

Extracto 14

A continuación, escuche a estas personas respondiendo a algunas preguntas sobre el aprendizaje de lenguas. Después formule la pregunta adecuada como en el ejemplo:

Porque quiero ir a España y me parece de mala educación ir a un país e insistir en que te hablen en tu propia lengua.

Como tengo un novio chileno, me gustaría hablar su idioma.

Por razones de trabajo.

Es que en estos momentos tengo mucho tiempo libre y aprender una lengua me parece una buena manera de pasar el tiempo.

¿Por qué quiere aprender español?

Ahora usted:

(a) Yo creo que es debido a que cada vez más gente se comunica con el extranjero por negocios o por placer.

Es una manera de conocer más gente y poder viajar a más países.

Hoy en día la gente viaja más y por eso necesita aprender más idiomas.

Yo creo que es debido al aumento de contacto entre diferentes países.

¿Por qué se aprenden más lenguas hoy en día?

(b) Es que te da una perspectiva más amplia de tu propia cultura.

Te ayuda a entender mejor tu propia lengua.

Te enseña a ver tu cultura desde otra perspectiva.

Te hace una persona más tolerante con otras culturas.

¿Por qué es bueno hablar una lengua extranjera?

Ahora conteste a la siguiente pregunta con sus propias palabras:

¿Por qué aprende usted español?

Extracto 15

Usted es un vendedor de cerámica en un mercadillo. Escuche las preguntas sobre el precio de las piezas y conteste. Siga el ejemplo:

¿Por cuánto se vende este jarrón grande?

(4,500 pesetas.)

Se vende por 4.500 pesetas.

– ¿Por cuánto se venden estas figuras?
– (3,000 pesetas each.)
– Se venden por 3.000 pesetas cada una.

– ¿Por cuánto se venden aquellos animalitos?
– (The small ones are 575 and the large ones are 875 pesetas.)
– Se venden por 575 pesetas los pequeños y 875 los grandes.

– ¿Por cuánto se vende esta alcuza?
– (950 pesetas.)
– Se vende por 950 pesetas.

Extracto 16

Escuche un breve resumen de la vida de Angélica Polán Vásquez:

Angélica es artesana. Empezó a trabajar el barro hace dos años. Le gusta su trabajo, pero no tiene mucho espacio en su taller, y no le gusta que el público la observe mientras está trabajando.

Ahora conteste a las siguientes preguntas sobre Angélica:

– ¿A qué se dedica Angélica?
– Es artesana, trabaja el barro.

– ¿Lleva mucho tiempo trabajando?
– Dos años.

– ¿Cuáles son las dificultades que tiene?
– No tiene mucho espacio en su taller.

– ¿Qué es lo que no le gusta cuando está trabajando?
– Que el público la observe mientras está trabajando.

Y ahora, conteste las mismas preguntas sobre usted:

– ¿A qué se dedica?
– (Respond.)

– ¿Lleva mucho tiempo trabajando?
– (Respond.)

– ¿Cuáles son las dificultades que tiene?
– (Respond.)

– ¿Le gusta ganarse la vida de este modo?
– (Respond.)

Extracto 17

Estamos en una exposición de pintura. Escuche lo que dice el guía sobre tres pintoras latinoamericanas: Frida Kahlo, Amelia Peláez y Tarsila do Amaral:

Frida Kahlo es quizás la pintora mexicana más popular. Ella quedó lisiada después de un accidente de tránsito a los 19 años. Kahlo se valió de su pintura para comunicar su desgracia, sus sentimientos y sus obsesiones. Naturalezas muertas, con frutas de vivos colores y formas provocadoras, autorretratos y alegorías sobre la muerte componen la iconografía de Frida Kahlo, quien se inspiró en los surrealistas y en la imaginería popular para realizar su trabajo.

Tarsila do Amaral es la pintora brasileña que nunca olvidó sus raíces, a pesar de las muchas influencias del Viejo Continente. El progreso convive en sus cuadros con sus recuerdos de infancia. Sus obras son una síntesis de arte local y del cubismo que había absorbido de Léger.

Amelia Peláez es una de las figuras más interesantes del grupo de artistas modernistas que comienza a echar raíces en Cuba en torno a 1920. Las naturalezas muertas con vitrales y rejas como telón de fondo y distintos paisajes son los principales motivos de sus obras.

Extracto 18

Escuche a un guía en Baños, Ecuador, explicar a unos turistas quiénes son varios artistas y artesanos:

Bueno, y comencemos por Baños, este sitio en Ecuador que es un lugar estupendo para los artistas por sus valles exuberantes, sus montañas, en general por una vida tranquila. Éste por ejemplo es Luis Agustín Vieira, un escultor que si bien trabaja en Colombia, nació en Baños en 1911. Por ejemplo entre sus principales esculturas podemos decir ésta, un busto al general Santander o como éste, el monumento al bombero Omar, y

quizá la más celebrada de todas
sus obras por la gran cantidad
polémica que suscitó que es
este monumento al líder liberal
Jorge Eliecer Gaitán. Éste es un
artista plástico – nos referimos a
Vieira – que ha destacado
internacionalmente.

Aquí tenemos a Jaime Villa que
ha hecho exposiciones en
diferentes galerías en todo el
mundo. Villa ha hecho estudios
de tipo antropológico pero
también de tipo folklórico y por
eso quizás destacan su riqueza
del color y toda esta alegría
festiva.

Ahora, ésta es Grace Solís que
es quizá la mayor representante
de la nueva generación. Ella
ha tenido varios premios
nacionales.

Y éste es Wilfrido Acosta, que es
el representante del país en lo que
tiene que ver con el grabado
contemporáneo.

Extracto 19

Escuche las opiniones de las siguientes personas a
la salida de una exposición de pintura del artista
Jon Ortazu:

– ¡Hola, muy buenas tardes, y bienvenidos aquí
a una inauguración, que supone la apertura
de la época otoñal en Pamplona. Manolo,
¿qué futuro le auguras a Jon Ortazu?

– Yo mucho la verdad. Es joven, tiene fuerza,
con capacidad, es inteligente, sabe lo que se
hace. Yo le auguro un buen futuro, sí, sí, sí.
Dentro del arte, lo veo bajo un prisma muy
audaz, que es lo que en estos tiempos se
necesita: gente con audacia. Y además, una
cosa muy importante: que sabe lo que hace.

– Él siempre ha sido una sorpresa, una
sorpresa... en este caso, muy agradable, pues
porque está muy rico en toda su exposición.

– Me ha causado mucha sorpresa y me ha
gustado mucho, mucho.

– Bueno, hemos visto un poco el avance de él.
No es que nos extrañe, ¿eh? Ha habido... pero
ha habido un cambio bastante grande...

– ¡Y asentamiento! Él se ha equilibrado. Se ve
una obra serena, madura. Es muy interesante.

– Lo que más me interesa de Jon es
precisamente que es una persona inquieta, y
que lo que va haciendo es ir aprendiendo a
hacer cosas.

Extracto 20

Escuche las siguientes frases del Radiodrama y
repítalas:

– ¡Anda, es un poema! ¡Qué bonito!
– ¿De quién será esto?
– ¡Vaya con el abuelo!
– ¡Dios mío, tu papá tiene una amante!
– ¡Ah, estás muy elegante con el traje de papá!
– ¿Ves? Ya te dije que no me iba a estar tan
grande.
– Estoy perfectamente.
– Carlos, ¿tú sabes qué día es hoy?
– Es un nuevo poema que he escrito hoy para ti.
– ¿Qué es lo que pasa aquí hoy?

Extracto 21

Haga el papel de Isabel, la mujer de Carlos, en el
siguiente extracto del Radiodrama *Un embarazo
muy embarazoso*. Siga el ejemplo:

(You are angry with your husband, and suspect
him of having an affair. Greet him in a suitable
tone.)

Hola.

¡Ah, hola! ¿Cómo estás, mi amor?

Ahora es su turno:

– (Tell him you are fine – still with gritted
teeth!)
– Estoy perfectamente.

– Te noto rara. Siéntate. ¿Seguro que estás bien?

– (Repeat that you are fine. Sound annoyed.)

– Estoy muy bien.

– Pues no lo pareces. Algo te pasa.

– (Tell him you are just tired. Put some resentment into your voice.)

– Lo que me pasa es que estoy cansada.

– No, a ti te pasa algo más.

– (Ask him, accusingly, if he knows what day it is today.)

– Carlos, ¿tú sabes qué día es hoy?

– ¿Cómo que qué día es hoy? ¡Ah, ya te entiendo! Estás enfadada porque crees que he olvidado que hoy es San Valentín. ¡Cómo me voy a olvidar! ¡Es nuestro día! Mira lo que te traigo. ¿Te gusta?

Carlos muestra el ramo de flores que había escondido debajo de la chaqueta.

– (Tell him sulkily that you don't want flowers. Say that he used to write you poems and that he has changed.)

– No quiero flores. Antes me hacías poemas. ¿Te acuerdas? Has cambiado mucho desde entonces.

– No, no he cambiado tanto. Aquí en el bolsillo traigo algo especial. ¿Quieres ver lo que es? Mira.

Carlos saca un papel de su bolsillo.

– Es un nuevo poema que he escrito hoy para ti. Como en nuestros tiempos de novios. ¿Qué dices ahora? ¿Quieres que te lo lea?

Extracto 22

Responda a las siguientes preguntas y grabe su respuesta. Acuérdese de utilizar las siguientes expresiones: *cumplo X años, llevo X años, desde, desde hace, desde que*. Siga el ejemplo:

¿Cuánto tiempo lleva usted dedicándose a su actual profesión?

(Three years.)

Llevo tres años.

(a) ¿Desde cuándo no toma vacaciones?
   (Since 1997.)
   Desde 1997.

(b) ¿Cuándo cumple los 25 años de casado?
   (In 2005.)
   Los cumplo en el 2005.

(c) ¿Cuántos años lleva viviendo en su actual casa?
   (A year.)
   Llevo un año.

(d) ¿Cuánto hace que no va al cine?
   (A month or two.)
   Desde hace un mes o dos.

(e) ¿Cuánto tiempo lleva usted estudiando español?
   (Three years.)
   Llevo tres años.

(f) ¿Desde cuándo lleva usted trabajando en esta unidad del libro?
   (A few days.)
   Llevo varios días.

Extracto 23

Escuche las siguientes preguntas y respuestas:

(a) ¿Practica usted alguna actividad artística? ¿Cuál?
   Sí, me gusta mucho pintar a la acuarela.

(b) ¿Qué otras cosas le gustaría hacer y por qué?
   Me gustaría mucho tocar un instrumento musical porque creo que es muy relajante.

(c) ¿Qué otras cosas hace (o ha hecho) como hobby y por qué?
   Comencé un curso de fotografía hace años porque quería perfeccionar mi estilo.

Ahora es su turno. Conteste las siguientes preguntas:

(a) ¿Practica (o ha practicado) usted alguna de las actividades anteriores? ¿Cuál?

(b) ¿Qué otras cosas le gustaría hacer y por qué?

(c) ¿Qué otras cosas hace (o ha hecho) como hobby y por qué?

Extracto 24

Dé sus respuestas a estas preguntas sobre asuntos culturales:

— Yo pienso que la música clásica es maravillosa y me relaja. Usted, ¿qué opina?

— No me gustan los artistas jóvenes de la música pop. Me parece que carecen de talento. ¿A usted le gustan?

— No comprendo muy bien la obra de Picasso, aunque sí me gustan los colores. ¿A usted qué le parece?

— Creo que las pinturas de Goya son muy evocadoras, pero algunas, las de guerra, son de mal gusto. No se debería pintar cosas horribles y violentas, ¿no es cierto?

— Mi escritor favorito del siglo XIX es Galdós. Hay mucha vida en sus novelas y el argumento siempre está bien desarrollado. ¿Cuál es su escritor preferido, y por qué?

This is the end of the third Activities Cassette.

Éste es el final de la tercera Cinta de actividades.

Guión del radiodrama

Un embarazo muy embarazoso

Curso de español de la Open University, *En rumbo – Un embarazo muy embarazoso*. Cara B.

This is Side 2 of the Audio Drama for the Open University Spanish course, *En rumbo*.

Quinto episodio

La gran noticia

Ha pasado un día desde la boda del amigo de Carlos. Es por la tarde. Isabel y Zacarías están en el salón. Suena el timbre de la puerta.

Zacarías   Isabel, están llamando.

Isabel   Vaya usted, don Zacarías.

Zacarías   Ten piedad de un viejo. Uno no está ya para muchos trotes.

Isabel   ¡No se queje, que está usted como una flor!

(Nuevamente suena el timbre.)

Isabel   ¡Voy, voy!

Isabel va a abrir la puerta y al poco rato vuelve con una carta.

Isabel   Era el cartero.

Isabel abre el sobre, saca una hojilla y la lee con cierta preocupación, mientras Zacarías la observa con curiosidad.

Zacarías   ¿De qué se trata?

Isabel   Nada. Cosas.

Isabel se acerca a una estantería llena de libros que hay en el salón y coloca la hojilla debajo de un libro.

Isabel   Bueno, don Zacarías, ahora le dejo solo. Tengo que hacer unas diligencias. No me demoraré. Además, Carlos está por llegar. Dígale que me llevo el carro.

Zacarías   ¿El carro?

Isabel   Usted sabe lo que digo: ¡el coche!

Zacarías   Pues, hija, si te digo la verdad, a veces no hay quien te entienda.

Isabel   ¡Usted, siempre criticando! Así hablamos en mi país. Bueno, hasta luego.

Zacarías   Adiós, hija.

Nada más quedarse solo, Zacarías, que es muy curioso, se levanta del sillón y a pesar de su edad, corre hacia la estantería. Busca entre los libros y encuentra el papel que ha escondido Isabel.

Zacarías   Vamos a ver qué es esto. Aquí nadie me cuenta nada, como si no existiese. ¡Pero todavía no me han enterrado!

Zacarías toma el papel y se acerca a la luz de la ventana para leerlo.

Zacarías   Esto es del hospital. A ver qué dice: 'Departamento de Obstetricia'. ¡Arrea, esto es una prueba de embarazo!

Conforme va leyendo, la cara de Zacarías pasa por todos los colores del arco iris.

Zacarías   ¡Rosita está de verdad embarazada! ¡Lo sabía! ¡Yo lo sabía! ¡Ya no hay dudas!

La noticia le hace temblar las piernas. Rápidamente va hacia el sillón y se arroja de golpe en él como un saco de patatas.

Zacarías   ¡Qué vergüenza! ¡Pero si es una niña todavía! ¡Apenas tiene dieciocho años! ¡Y no está casada! Esto es una tragedia. Estas cosas no pasaban en mis tiempos. Pero, claro, ahora todo el mundo es tan moderno. Hoy en día no hay respeto por nada. Antes, sí que había principios y moralidad, ¡pero ahora...! ¡Dios mío, qué vergüenza! ¿Qué van a pensar los vecinos?

En ese momento Zacarías se acuerda de su difunta esposa, Margarita.

Zacarías ¡Ay, Margarita! ¡Menos mal que tú no estás ya aquí! ¡Qué disgusto te habrías llevado! Tu adorada nietecita, ¡embarazada a los dieciocho años! ¡Y sin estar casada! ¡Qué barbaridad! ¡Nueve! ¡Nueve años estuvimos tú y yo de novios! ¡Nueve, Margarita! Y durante todo ese tiempo, cuando estaba contigo, nunca, nunca me atreví ni a tocarte la mano. Bueno, quiero decir, casi nunca. Tú me entiendes. Una novia era algo sagrado. Así se solían hacer las cosas antes. Como tiene que ser. En cambio, ahora, Margarita, ahora se acaban de conocer un chico y una chica, y ¡ala! ¡Y así va el mundo!

Zacarías sigue hablando así, solo y sin consuelo, hasta que llega su hijo, Carlos.

Carlos Hola, papá. ¿Estás solo?

Zacarías Hombre, Carlos, a ti te estaba esperando yo.

Carlos ¿Qué pasa? ¿Ha ocurrido algo?

Zacarías ¡Un terremoto!

Carlos ¿De qué hablas?

Zacarías ¡Carlos, tu hija Rosita está embarazada!

Carlos ¿Qué? ¿Qué estás diciendo, papá? ¿Te has vuelto loco? Esto es una broma de las tuyas, ¿no?

Zacarías ¿Broma? ¡Toma esto y mira qué broma!

Zacarías le da a su hijo el papel. Carlos lo lee en un instante.

Carlos ¡Esto es el colmo! ¡Pero si es verdad!

Zacarías ¡Y tan verdad!

En ese momento entra Rosita. Viene contenta, sin saber lo que le espera.

Rosita Hola, papá. Hola, abuelito.

Zacarías A mí no me digas 'abuelito'.

Rosita ¿Qué pasa aquí? ¿Por qué estáis tan serios?

Carlos No. Nada. Bueno... es que...

Rosita ¿Qué pasa, papá? Aquí ocurre algo gordo.

Zacarías Bien gordo, diría yo.

Rosita ¿Qué ha pasado?

Carlos Mira, Rosita, ya lo sabemos todo. No hace falta que sigas disimulando.

Rosita ¿Qué sabéis?

Zacarías ¡Todo! Bueno, menos una cosa: ¿quién ha sido el canalla?

Carlos Papá...

Rosita ¿Quién ha sido quién?

Zacarías ¿Quién lo ha hecho?

Rosita ¿Quién ha hecho qué?

Carlos ¡Dejarte embarazada!

Rosita ¿Qué? ¿Qué te ha estado diciendo el abuelo, papá?

Carlos Rosita, somos tu padre y tu abuelo. Esto hay que hablarlo.

Rosita ¡Estáis locos! ¿Quién os ha dicho eso? ¡Yo no estoy embarazada!

Carlos Cálmate, hija. Perdona que te lo hayamos dicho así, de golpe, pero estas cosas hay que hablarlas. Somos una familia unida y... pero ven, siéntate. Te voy a traer una tila.

Rosita ¿Una tila? ¡Yo no quiero tila, ni nada! ¡Yo no estoy embarazada!

Por fortuna para Rosita, en este mismo momento llega su madre Isabel.

Isabel ¿Qué pasa aquí? ¿Qué es todo este alboroto?

Rosita ¡Mamá, mira lo que están diciendo de mí!

Isabel ¿Por qué lloras, Rosita? ¿Qué pasa?

Zacarías Lo que pasa es que está embarazada.

Rosita   ¡Ay, ves lo que dicen! ¡Eso es mentira, mamá!

Isabel sospecha entonces lo que está de verdad ocurriendo.

Isabel   ¿Cómo pueden decir estas cosas de Rosita?

Carlos   Tenemos la prueba, Isabel. Papá, dale el papel.

Zacarías saca el papel con los resultados del análisis y se lo da a Isabel.

Isabel   Este papel no es de Rosita. ¡Es mío! ¡Yo soy la que está embarazada!

Carlos y Zacarías   ¡Isabel!

Guión del radiodrama

Sexto episodio

El día de los enamorados

Han pasado ya siete meses desde que Isabel quedó embarazada. Dentro de dos días, Zacarías se marcha de vuelta al pueblo, tras su larga estancia en Madrid.

Es el día de San Valentín, el día de los enamorados. Isabel y Rosita están en el salón. En ese momento entra Zacarías, que lleva un traje colgado de una percha.

Isabel   ¿Adónde va con ese traje, don Zacarías? Es de Carlos.

Zacarías   Ya sé que es de Carlos. Se lo he pedido prestado.

Rosita   ¿Para qué lo quieres, abuelo?

Zacarías   Me estará un poquito grande, pero no se notará mucho. Tenemos una fiesta en el club de jubilados para celebrar el día de San Valentín y quiero estar presentable. Va a ir mucha gente. Habrá una banda que tocará baladas y música de mis tiempos. ¿Vienes, Rosita?

Rosita   No, abuelo, gracias. Eso es para mayores. Yo voy a ir a un concierto de rock con unos amigos.

Zacarías   Como quieras. Ahora voy a probarme el traje. Hasta luego.

Zacarías va a su habitación. Quedan Rosita e Isabel.

Isabel   Voy a la cocina, a ver si está ya preparada la torta que estoy haciendo. No quiero que se queme.

Isabel sale hacia la cocina. Rosita se sienta en el sofá y encuentra entre los cojines un papel con un pequeño texto escrito a máquina.

Rosita   ¡Anda, es un poema! ¡Qué bonito! ¿De quién será esto? No está firmado, pero tiene dedicatoria: 'Para mi amadísima Rosarito'. ¿Qué hace esto aquí en el sofá? Me parece que tenemos un enamorado en casa. ¡Vaya con el abuelo! ¡Y parecía que después de morirse la abuela, no se iba a fijar en nadie! ¿Quién será esa Rosarito? Seguro que alguna de las señoras que van por el club de jubilados. De todas formas, mi abuelo no es capaz de escribir cosas así. Lo habrá copiado de algún poeta famoso.

Isabel vuelve de la cocina.

Isabel   Todavía no está hecha la torta. Necesita un poco más tiempo en el horno. ¿Qué es eso que lees? ¿Ha llegado alguna carta?

Rosita   No, estaba aquí, en el sofá. Es un poema.

Isabel   ¿Un poema? ¿En el sofá?

Rosita   Sí, y es muy bonito. Escucha:

Agua eres de eterno río,
que despiertas, ¡ay!, mi sed de amor,
mientras huyes siempre hacia el mar.
Triste y solo dejas mi corazón
por saber que tú nunca serás mío,
amor que pasas para no quedar.

Isabel

Di: ¿quién te podrá gozar?

Rosita   ¡Anda, pero si te lo sabes!

Isabel

¿Quién sujetar tu deseo
de enfadosa huida?
¿Quién volverme la vida
que ya conmigo no veo?

Isabel y Rosita

> Si acaso mi amor no pudiera
> frenar tu fuga, ¿quién lo hiciera?
> ¡Que haya mayor amor yo no
> creo!

Rosita ¡Qué bonito!, ¿verdad?

Isabel Sí, tu papá es un gran poeta.

Rosita ¿Papá? ¿Este poema es de papá?

Isabel Sí, ¿por qué te extrañas? Tiene talento para estas cosas. Este poema me lo dedicó cuando éramos novios. ¡Ay, aquéllos sí que eran tiempos bonitos!

Rosita Seguro que sí, mamá. Seguro que sí.

Isabel Déjame que vea ese papel. Yo perdí mi copia hace tiempo. Deja que lo vea. Seguro que lo ha dejado tu papá en el sofá para darme una sorpresa.

Isabel le quita el papel de la mano a Rosita.

Rosita Espera, no me lo quites.

Isabel Luego te lo devuelvo. Debes guardarlo como un tesoro. Al fin y al cabo, tu existencia se debe en buena parte a este poema. ¿No te parece romántico?

Isabel echa un vistazo al papel.

Isabel ¿Qué? ¿Qué significa esto? ¿'A mi amadísima Rosarito'? ¡Esto es absurdo! ¡Si este poema es mío! ¡Lo escribió tu papá para mí!

Rosita Mamá, cálmate.

Isabel ¡Dios mío, tu papá tiene una amante!

Rosita No digas eso. Tiene que haber alguna explicación.

Isabel ¡Ay!

En ese mismo instante vuelve Zacarías, que lleva ya puesto el traje de Carlos.

Zacarías Mirad, ¿qué os parece cómo me queda el traje?

Rosita ¿Adónde vas, mamá?

Isabel A mi cuarto.

Isabel se marcha corriendo.

Zacarías ¿Qué le pasa a tu madre? Tiene muy mala cara. ¿Tiene problemas con el embarazo?

Rosita No, es otra cosa. Pero tú no te preocupes, abuelo.

Zacarías ¡En esta casa, siempre con misterios!

Rosita Bueno, ahora tengo que dejarte. ¡Ah, estás muy elegante con el traje de papá! ¡Vas a hacer furor en la fiesta!

Zacarías ¡Ya será menos!

Rosita Hasta luego, abuelo.

Zacarías Hasta luego.

Zacarías se queda solo, pero no por mucho tiempo porque entonces viene de la calle su hijo, Carlos, que trae un ramo de flores.

Carlos Hola, papá.

Zacarías Hola, hijo.

Carlos Veo que ya te has puesto el traje. Te sienta muy bien.

Zacarías ¿Ves? Ya te dije que no me iba a estar tan grande.

Carlos Sí, te va perfectamente.

Zacarías Bueno, te dejo ya, hijo. Voy a llegar tarde a la fiesta. Ah, por cierto, ese ramo de flores que traes es muy bonito. Seguro que le va a encantar a tu mujer.

Carlos Eso espero.

Zacarías Bueno, adiós.

Carlos Vale, papá. Que lo pases muy bien.

Zacarías Gracias.

Carlos ¡Y no hagas ninguna locura!

Zacarías ¡Oye, que el padre aquí soy yo!

Carlos queda solo, pero inmediatamente llega su mujer. Carlos esconde el ramo de flores debajo de su chaqueta.

Isabel   Hola.

Carlos   ¡Ah, hola! ¿Cómo estás, mi amor?

Isabel   Estoy perfectamente.

Carlos   Te noto rara. Siéntate. ¿Seguro que estás bien?

Isabel   Estoy muy bien.

Carlos   Pues no lo pareces. Algo te pasa.

Isabel   Lo que me pasa es que estoy cansada.

Carlos   No, a ti te pasa algo más.

Isabel   Carlos, ¿tú sabes qué día es hoy?

Carlos   ¿Cómo que qué día es hoy? ¡Ah, ya te entiendo! Estás enfadada porque crees que he olvidado que hoy es San Valentín. ¡Cómo me voy a olvidar! ¡Es nuestro día! Mira lo que te traigo. ¿Te gusta?

Carlos muestra el ramo de flores que había escondido debajo de la chaqueta.

Isabel   No quiero flores. Antes me hacías poemas. ¿Te acuerdas? Has cambiado mucho desde entonces.

Carlos   No, no he cambiado tanto. Aquí en el bolsillo traigo algo especial. ¿Quieres ver lo que es? Mira.

Carlos saca un papel de su bolsillo.

Es un nuevo poema que he escrito hoy para ti. Como en nuestros tiempos de novios. ¿Qué dices ahora? ¿Quieres que te lo lea?

Isabel   No, no quiero que me lo leas.

Carlos   Pero, ¿qué te pasa? ¿Estás nerviosa por el embarazo?

Isabel   ¿Seguro que lo escribiste para mí?

Carlos   ¡Qué tontería! ¿Para quién si no? Ven, acércate.

Isabel   No, déjame.

Carlos   Espera, ¿adónde vas? Ven, ¡Isabel!

Isabel se dirige a su dormitorio y por el corredor se cruza con Rosita, que entra en el salón.

Carlos   ¿Qué le pasa a tu madre? ¿Por qué está tan enfadada?

Rosita   Creo que tenéis que hablar los dos seriamente.

Carlos   ¿Es que he hecho algo malo? Dime de qué se trata.

Rosita   Papá, tienes que hablar con mamá. Yo no puedo ayudar. Ahora tengo que salir. Adiós.

Carlos   Espera, Rosita. ¿Tú también?

Rosita sale y Carlos queda muy preocupado.

Carlos   ¿Qué es lo que pasa aquí hoy?

Improve your command of modern Spanish! This
Transcript Booklet is one of four which support
the intermediate Spanish course, *En rumbo*. They
contain transcripts of the following recorded
material: video footage filmed in Galicia,
Catalonia, Mexico and Peru, presenting aspects of
the themes covered in the main course textbooks;
Activities Cassettes, designed to improve speaking
and listening skills, and featuring a variety of
accents from different regions of the Spanish-
speaking world; and an Audio Drama,
Un embarazo muy embarazoso, which gives
additional continuity to the themes by reinforcing
the main grammatical structures and vocabulary.

This *En rumbo* Transcript Booklet accompanies
the third of the four main textbooks, *En rumbo 3*
(ISBN 0 415 20326 0), which covers the changing
times and the arts.

En rumbo is part of the Open University Spanish
programme. *A bordo*, an introductory course to
En rumbo, is also available.

ISBN   0-415-20330-9

9 780415 203302